Dieu ne peut qu'aimer

fr. Roger, de Taizé

Dieu ne peut qu'aimer

Les Presses de Taizé

Du même auteur

Introduction à la vie communautaire, 1944*
La Règle de Taizé, 1954*
Vivre l'aujourd'hui de Dieu, 1958 *
L'unité, espérance de vie, 1962 *
Dynamique du provisoire, 1965 *
Unanimité dans le pluralisme, 1966 *
Violence des pacifiques, 1968 *

Le Journal :
Ta fête soit sans fin, 1971 *
Lutte et contemplation, 1973 *
Vivre l'inespéré, 1976 *
Étonnement d'un amour, 1979 *
Fleurissent tes déserts, 1982 *
Passion d'une attente, 1985 *

Son amour est un feu, 1988 *
Ce feu ne s'éteint jamais, des prières, 1990 *
Les sources de Taizé, 2001
En tout la paix du cœur, 2002
Pressens-tu un bonheur ? 2005
Prier dans le silence du cœur, 2005

Avec Mère Teresa, de Calcutta :
Le Chemin de Croix, 1986 *
Marie, mère de réconciliations, 1987 *
La prière, fraîcheur d'une source, 1992, 1998
* épuisé

© Ateliers et Presses de Taizé, 2001
ISBN : 978 285040 268 5
Communauté, 71250 Taizé; tél. : 03 85 50 30 30
community@taize.fr – www.taize.fr

Y a-t-il des réalités qui rendent la vie belle ?

Une confiance toute simple

Y a-t-il des réalités qui rendent la vie belle et dont on puisse dire qu'elles apportent un épanouissement, une joie intérieure ? Oui, il y en a. Et l'une de ces réalités porte le nom de confiance.

Comprenons-nous que, en chacun de nous, le meilleur se construit à travers une confiance toute simple ? Même un enfant peut y parvenir.

Mais, à tous les âges, certains sont marqués par les peines, les abandons humains, la mort des tout proches. Et, en ces années, pour beaucoup, l'avenir est si incertain qu'ils en perdent le goût de la vie.

Pour tous, la source d'une confiance est en Dieu : il est amour et pardon, il habite au centre de l'âme de chacun.

La confiance n'ignore pas les souffrances de tant de démunis à travers le monde. Leurs épreuves nous interrogent : comment être de ceux qui, soutenus par une vie de communion en Dieu, cherchent à rendre la terre plus habitable ?

Loin de fuir les responsabilités, la confiance donne de se tenir debout, là où les sociétés humaines sont ébranlées. Elle permet d'avancer même quand survient l'échec. Une telle confiance rend capable d'un amour désintéressé.

Aujourd'hui, à travers la terre, nombreux sont les jeunes qui cherchent à guérir des blessures dans la famille humaine. Leur confiance peut rendre la vie belle autour d'eux. Savent-ils que, si souvent, une espérance rayonne en eux ?

Depuis une quarantaine d'années, avec mes frères, nous sommes dans l'étonnement : pourquoi des jeunes viennent-ils à Taizé et comment se fait-il que cet accueil grandisse ?

Voyant sur notre colline tant de visages de jeunes, non seulement de l'Europe occidentale et orientale, mais aussi, de plus en plus, des autres continents, nous comprenons qu'ils viennent avec des questions vitales, en particulier celle-ci : où trouver un sens à ma vie ? Certains se demandent : quel est l'appel de Dieu pour moi ?

Avec ceux que nous accueillons soit à Taizé même, soit dans nos petites fraternités de quelques frères vivant au milieu des plus pauvres en diverses parties du monde, soit encore lors de rencontres dans de grandes villes, nous voudrions chercher comment reprendre élan, et comment vivre le Christ pour les autres.

Nous souhaitons être pour eux des hommes d'écoute, et non des maîtres spirituels. Les écouter pour qu'ils puissent non seulement exprimer leurs limites, leurs blessures, mais aussi découvrir leurs dons, et surtout pressentir une vie de communion avec Dieu, avec le Christ, avec l'Esprit Saint.

Chercher à tout comprendre de l'autre

Plus souvent qu'autrefois, il arrive que des jeunes demandent : quel est le plus beau dans votre vie ?

Sans hésiter je réponds : la prière commune d'abord et, dans cette prière, les longs temps de silence.

Puis, aussitôt après, le plus beau dans ma vie, le voici : percevoir, dans le seul à seul d'un entretien, un être dans sa globalité, à la fois marqué par un drame ou une rupture intérieure, et tout autant par les dons irremplaçables à travers lesquels la vie en Dieu dans une personne peut tout accomplir.

Il est essentiel de chercher à comprendre l'ensemble d'une personne, grâce à quelques paroles ou quelques attitudes, plutôt qu'à travers de longues explications. Il ne suffit pas de partager ce qui violente un être en son intérieur. Encore faut-il rechercher le don spécifique de Dieu en lui, pivot de toute son existence. Une fois ce don, ou ces dons, mis en pleine lumière, des chemins s'ouvrent.

Ne point s'attarder sur les nœuds, les échecs, les forces contradictoires, auxquels on trouve toujours mille motivations. Passer dès que possible à l'étape essentielle : déceler le don unique, les talents déposés en chaque être humain, pour qu'ils ne soient pas enterrés, mais rendus bien vivants en Dieu.

Le plus beau dans ma vie ? La liste pourrait se prolonger à l'infini : ces rares moments où il est possible de partir à l'improviste, prendre la clef des champs… marcher, tout en échangeant, dans les rues d'une vaste cité, accueillir pour un humble repas…

Reconnais-tu le chemin d'espérance ?

Y a-t-il dans l'Évangile des réalités qui rendent la vie belle ? Oui, il y en a. L'une d'entre elles, c'est l'espérance. Elle donne d'aller au-delà des découragements, et même de retrouver le goût de la vie.

Et où en est la source ? Elle est dans l'audace d'une vie de communion en Dieu. Mais comment cette communion est-elle possible ? Dieu nous a aimés le premier.[1] Dieu nous cherche inlassablement, même si nous n'en avons pas conscience.[2]

Il est une autre réalité d'Évangile qui rend la vie belle, c'est la paix du cœur. Il peut y avoir dans l'être humain des pulsions qui l'entraînent jusqu'à la violence. Trois siècles après le Christ, un chrétien de Milan appelé Ambroise écrivait : « Commencez en vous l'œuvre de paix, au point qu'une fois pacifiés vous-mêmes, vous portiez la paix aux autres. »³ Oui, la paix de notre cœur rend la vie belle à ceux qui nous entourent.

La confiance, l'espérance, la paix du cœur, se puisent dans une mystérieuse présence, celle du Christ. Par l'Esprit Saint, il se tient en chacun, comme un humble de cœur. Et paisible sa voix se fait entendre : « Reconnais-tu le chemin d'espérance ouvert pour toi ? »

Alors comment ne pas être poussé à dire au Christ : « Je voudrais te suivre toute ma vie sur ce chemin, mais connais-tu mes fragilités ? » Par l'Évangile, il répond : « Je connais tes épreuves et ta pauvreté... Pour tenir dans une fidélité de toute la vie, tu penses n'avoir rien, ou presque rien. Pourtant tu es comblé. Comblé par quoi ? Par la présence de l'Esprit Saint. Et sa compassion éclaire jusqu'aux ombres de ton âme. »⁴

Je ne peux pas oublier un soir de l'été 1942, alors que j'étais encore seul à Taizé. J'étais assis à une petite table sur laquelle j'écrivais. C'était la guerre. Je me savais en danger à cause des réfugiés que j'hébergeais dans la maison. Parmi eux, il y avait des Juifs. La menace d'être arrêté et emmené était pesante. Une police en civil venait fréquemment m'interroger.

Ce soir-là, face à la peur qui prenait aux entrailles, je fus habité par une prière de confiance que je dis à Dieu : « Même si la vie m'est enlevée, je sais que toi, le Dieu vivant, tu poursuivras ce qui a été commencé ici, la création d'une communauté. »

Pour qui cherche avec un cœur résolu à s'abandonner au Christ et à lui donner toute sa vie, il y a une décision à prendre, celle de laisser monter en soi une infinie reconnaissance à Dieu. Elle dispose à l'esprit de la louange.

Dieu nous veut heureux...[5] Ce qui nous

parle, c'est aller de découverte en découverte, d'un commencement à un autre commencement.

Consentir et encore consentir aux épreuves, si souvent liées à l'existence humaine. Chercher en tout la paix du cœur. Et la vie devient belle... Et la vie sera belle. Et jaillit l'inespéré.

Esprit Saint, Lumière intérieure, dans la terre labourée de notre vie, tu viens déposer une toute humble confiance en toi. Aussi nous voudrions t'accueillir tout simplement, comme des pauvres de l'Évangile.

Mystère d'une présence

Le Christ uni à tout être humain

S'il était possible de sonder un cœur, qu'y trouverions-nous ? La surprise serait de percevoir qu'au tréfonds de la condition humaine repose l'attente d'une présence, le silencieux désir d'une communion.

Et voilà que nous découvrons dans l'Évangile une réponse à cette attente. Saint Jean l'exprime par ces paroles : « La lumière qui éclaire tout être humain est venue dans le monde. »[6]

Cette lumière est celle du Christ, le Ressuscité. Peut-être le savons-nous peu, mais lui demeure proche de chacun.

Et qui est-il, ce Christ Jésus dont parle l'Évangile ?

Dès avant le commencement de l'univers, de toute éternité, le Christ était en Dieu.[7]

Comme un humble, il est venu parmi les humains.

Si Jésus n'avait pas vécu au milieu de nous, Dieu serait lointain, et même inatteignable. Mais, par sa vie, Jésus a laissé transparaître qui était Dieu.[8]

Et aujourd'hui, ressuscité, le Christ vit en chacun de nous par l'Esprit Saint.[9]

Une clarté d'Évangile est réapparue lors du concile Vatican II ; elle était longtemps demeurée sous la poussière des ans : « Le Christ est uni à chaque être humain sans exception… »[10] Plus tard, le pape Jean-Paul II ajoutera : « …même si celui-ci n'en est pas conscient. »[11]

Chaque année, lors d'une audience privée, je voudrais réjouir le cœur du pape Jean-Paul II en lui faisant part d'une espérance qu'il nous a fait découvrir. Il m'est arrivé de lui dire combien sa saisissante intuition – Le Christ est uni à chaque être humain, même si celui-ci n'en est pas conscient – pouvait ouvrir à une compréhension limpide de la foi sur la terre.

Des multitudes d'êtres humains ne savent pas que le Christ est uni à eux et ne connaissent pas son regard d'amour, posé sur toute vie. Ils ignorent tout de Dieu, jusqu'à son nom. Pourtant Dieu, lui, demeure en communion avec chacun.

Dans un même esprit, le théologien orthodoxe Olivier Clément donne à comprendre que Dieu, invisible, est « comme un influx de lumière, de paix et d'amour »[12] pour tout être humain.

Avec mes frères, nous avons découvert une intuition semblable chez un vieil évêque orthodoxe russe, du nom de Serafim, qui nous visitait à Taizé. Un soir, parlant aux jeunes qui étaient dans l'église, il dit avec une grande clarté dans la voix : « Toute créature humaine est habitée par le Saint-Esprit. » Comme il était un peu sourd, il demanda à haute voix au frère qui était à ses côtés : « Ont-ils bien compris ? Toute créature humaine est habitée par le Saint-Esprit. »

Au VIIe siècle, saint Maxime le Confesseur écrivait : « L'Esprit Saint n'est absent d'aucun être humain. »[13] Il y a ceux qui savent par l'Écriture qu'ils sont habités par l'Esprit Saint. Et il y a ceux qui ne le savent pas encore ou qui ne le sauront pas sur cette terre, mais ils le découvriront dans la vie d'éternité.

L'Esprit Saint, soutien et consolation

Si le Christ n'était pas ressuscité, et s'il n'avait pas envoyé son Esprit Saint, il ne serait pas présent auprès de tous. Il resterait comme un personnage remarquable parmi d'autres dans l'histoire de l'humanité. Mais il ne serait pas possible d'échanger avec lui. Nous n'oserions pas l'appeler : « Jésus le Christ, à tout moment je m'appuie sur toi ; même quand je ne parviens pas à prier, toi, tu es ma prière. »

Avant de les quitter, le Christ a assuré ses disciples qu'il leur enverrait l'Esprit Saint comme un soutien et une consolation.[14] Alors nous pouvons faire cette découverte : comme le Christ a été présent sur la terre auprès des siens, par l'Esprit Saint le Christ continue à être tout aussi présent pour tous aujourd'hui.

Plus saisissable pour l'un, plus voilée pour un autre, sa mystérieuse présence est toujours là. C'est comme si nous pouvions l'entendre dire : « Ne sais-tu pas que je suis près de toi et que, par l'Esprit Saint, je vis en toi ? Jamais je ne te laisserai. »[15]

Cette mystérieuse présence est invisible à nos yeux. Pour tous, la foi demeure toujours une humble confiance dans le Christ et l'Esprit Saint.

Pour l'être le plus démuni de connaissances, ne sachant ni lire ni écrire, comme pour le plus cultivé, la foi est une réalité simple. L'écrivain russe Tolstoï raconte qu'un jour, en se promenant, il rencontre un paysan et ils échangent. Le paysan dit à Tolstoï : « Je vis pour Dieu. » En quatre mots, il exprime les profondeurs de son âme. Alors Tolstoï se dit : « Moi qui ai tant de connaissances et de culture, je ne parviens pas à exprimer les mêmes paroles que ce paysan. »[16]

Une confiance en Dieu ne se communique pas à coup d'arguments qui, voulant persuader à tout prix, vont jusqu'à susciter une inquiétude, voire même une crainte. C'est d'abord dans le cœur, dans les profondeurs de soi-même, qu'est reçu un appel de l'Évangile.

Lumière dans la nuit

Passage fulgurant de l'amour de Dieu, l'Esprit Saint traverse chaque être humain comme une lumière dans sa nuit. Par cette mystérieuse présence, le Ressuscité nous soutient, il se charge de tout, il prend sur lui jusqu'à la lourde épreuve.

Il pourra arriver que l'étonnement d'un tel amour amène à dire :

« Ce Jésus, le Ressuscité, était en moi et pourtant je ne ressentais rien de lui. Si souvent je l'ai cherché ailleurs. Tant que je fuyais les sources déposées par lui au creux de mon être, j'avais beau aller loin, très loin, je me fourvoyais sur des chemins sans issue. Une joie en Dieu paraissait introuvable.

Mais vint le temps où je découvris que le Christ ne m'avait jamais quitté. J'osais à peine m'adresser à lui, mais il me comprenait, et déjà il me parlait. Quand s'est levé le voile de l'inquiétude, la confiance de la foi est venue éclairer jusqu'à ma propre nuit. »

Parfois je me demande pourquoi cette confiance dans le Christ venant illuminer notre nuit est pour moi si essentielle. Et je saisis que cela vient d'une expérience d'enfance.

Pendant le temps qui précédait Noël, je passais de longs moments devant une crèche à regarder la Vierge Marie et, à ses pieds, le nouveau-né. Une image si simple marque une vie. Elle donne de saisir un jour que, à travers le Christ, Dieu lui-même est venu au milieu de nous.

La nuit de Noël, nous allions à l'église. Quand j'avais cinq ou six ans, nous habitions un village de montagne et il fallait marcher dans la neige. Comme j'étais le plus jeune, mon père me tenait par la main. Ma mère, mon frère aîné et mes sept sœurs suivaient. Mon père me montrait, dans le ciel découvert, l'étoile du berger que les mages eux-mêmes avaient vue.

Ces instants me reviennent à l'esprit à la lecture de l'apôtre Pierre quand il écrit : « Regardez vers le Christ comme une étoile qui brille dans la nuit, jusqu'à ce que l'aurore commence à poindre et le jour à se lever dans vos cœurs. »[17]

Toi, le Christ de compassion, aux sources de ton Évangile nous découvrons qu'en nous, s'il peut y avoir une part d'obscurité, il y a surtout ta mystérieuse présence.

Aimés d'un amour d'éternité

Dieu nous aime
avant que nous l'aimions

« M'aimes-tu ? » : là est l'ultime question que Jésus, ressuscité, adresse à Pierre.[18]

Avant que Jésus ne soit torturé sur une croix, Pierre l'avait renié trois fois et il en était tout abattu. Après sa résurrection, le Christ apparaît devant Pierre. Il ne le condamne pas pour son reniement. Le Christ est empli de compassion. Il a été homme. Lui aussi, dans sa vie terrestre, a longé des chemins d'obscurité.

À Pierre, le Christ ne dit que ces trois mots : « M'aimes-tu ? » Et Pierre de répondre : « Seigneur, tu sais que je t'aime. » Une seconde fois Jésus reprend :

« M'aimes-tu ? » Pierre de répondre à nouveau : « Mais tu sais que je t'aime. » Une troisième fois Jésus insiste : « M'aimes-tu plus que ne le font ceux-là ? » Pierre, troublé : « Seigneur, tu sais toutes choses, tu sais que je t'aime. »

Aujourd'hui, nous aussi nous pouvons lui dire : Toi le Christ, si comme à Pierre tu nous demandes : « M'aimes-tu ? », nous balbutions notre réponse : « Tu le sais, toi le Christ, je t'aime, peut-être pas comme je le voudrais, mais je t'aime. »

Le Christ n'oblige personne à l'aimer mais il nous a aimés le premier.[19] Il se tient aux côtés de chacun, comme un pauvre. Il est là, aussi dans les événements arides ou dans les fragilités de l'existence. Son amour est une présence d'éternité.

Dieu nous aime avant que nous l'aimions : même un enfant parvient à saisir cette réalité d'Évangile. Un jour, dans l'église, un enfant de neuf ans venait me dire « au revoir », il allait partir après une semaine passée à Taizé. Il aime participer à notre prière commune. Il traversait l'épreuve d'un abandon humain, son père avait quitté la famille. J'écrivis pour lui ces mots : « Dieu t'a aimé avant que tu ne l'aimes, il a une profonde confiance en toi. » Ces paroles sont un peu difficiles pour un enfant. Peut-être que sa grand-mère les lui expliquera. Peut-être comprendra-t-il par lui-même, tant son épreuve a développé en lui une maturation précoce.

Dieu nous aime avant que nous l'aimions : je crois l'avoir compris alors que j'étais encore enfant, lorsque nous lisions en famille l'histoire de Port-Royal-des-Champs.

Certains après-midi d'été, nous nous réunissions pour lire ensemble des textes à haute voix. Parmi les lectures qui revenaient souvent, il y avait quelques fragments de l'histoire de Port-Royal, écrite par Sainte-Beuve. C'était l'histoire d'une communauté cistercienne de femmes vivant tout près de Paris au XVIIe siècle.

À la mort de la mère abbesse, en 1602, Angélique Arnauld, fille d'un avocat parisien, la remplaça. Selon la coutume de l'époque, son grand-père était intervenu pour qu'elle soit désignée à cette charge malgré son jeune âge. Contre son désir, elle resta au monastère et y vécut plusieurs années dans une grande inquiétude intérieure.

Un jour, raconte Sainte-Beuve, alors que la jeune mère abbesse avait dix-sept ans, un prêtre passa et prononça une méditation pour la communauté. Ce prêtre était connu pour avoir une vie troublée, mais ce jour-là il exprima en des paroles toutes claires l'amour de Dieu, sa bonté inlassable et sans limites. Ces paroles provoquèrent un retournement intérieur chez la jeune Angélique Arnauld : « Dieu me toucha tellement que, dès ce moment, je me trouvai plus heureuse d'être religieuse que je m'étais estimée malheureuse de l'être. »

Alors, revenant aux sources de leur vocation, elle introduisit des transformations profondes dans la vie de la communauté qui devint peu à peu un lieu de rayonnement. La sœur de Blaise Pascal, notamment, entra dans la communauté. Des hommes vinrent aussi près du monastère passer des périodes plus ou moins longues de prière et d'étude, on les appelait les « Messieurs de Port-Royal ».

Ma mère avait tant d'admiration pour cette période de l'histoire de Port-Royal-des-Champs qu'elle avait posé sur sa petite table à écrire un portrait de la Mère Angélique Arnauld et elle disait : « C'est mon amie invisible. »

Pour ma part, j'étais captivé de découvrir ce que quelques femmes, vivant en communauté, avaient pu accomplir. Il y avait un grand if très touffu près de notre maison. Un jour, j'avais peut-être seize ans, je m'arrêtai près de cet arbre et je me dis : « Si ces quelques femmes, répondant à une vocation commune dans la clarté et donnant leur vie à cause du Christ, ont eu un tel rayonnement d'Évangile, quelques hommes, réunis dans une communauté, ne le pourraient-ils pas aussi ? »

Depuis lors, je pense que jamais ne m'a quitté l'intuition qu'une vie de communauté pouvait être un signe que Dieu est amour, et amour seulement. Peu à peu montait en moi la conviction qu'il était essentiel de créer une communauté avec des hommes décidés à donner toute leur vie, et qui cherchent à se comprendre et à se réconcilier toujours : une communauté où la bonté du cœur et la simplicité seraient au centre de tout.

Son amour est un feu

Dieu nous aime avant que nous l'aimions. Aimés d'un tel amour d'éternité, nous pressentons que notre réponse est avant tout de nous abandonner.

Aussi, une soif emplit notre âme : tout abandonner en Dieu. « Et notre cœur demeure dans l'attente, tant qu'il ne repose en lui. »[20]

Chaque être humain a soif d'aimer et d'être aimé. Mais demeure la question : pourquoi les uns ont-ils conscience d'être aimés alors que d'autres l'ignorent ?

Être écouté apaise les blessures d'un passé proche ou lointain. Là peut être le commencement d'une guérison de l'âme.

Écouter en l'autre ce qui lui fait mal de

lui-même. Chercher à comprendre ce qui est sous son cœur. Et peu à peu, même dans une terre labourée d'épreuves, se perçoit l'espérance de Dieu, ou tout au moins le bel espoir humain.

Il arrive que, accompagnant un autre, celui qui écoute soit lui-même conduit à l'essentiel, sans que le vis-à-vis ne s'en doute.

Écouter et encore écouter... Qui exerce l'intuition tout au long d'une vie en arrive à comprendre avec peu de paroles ceux qui viennent se confier. Une telle écoute peut apporter une vision très large de l'être humain, cet être habité à la fois par la fragilité et le rayonnement, par l'abîme et la plénitude.

Il y a quelques années, rencontrant chaque jour pendant une semaine un jeune prêtre italien, en lui j'ai vu de tout près la sainteté du Christ dans un être humain. Par moments, je ne pouvais pas dire un autre mot que : « Osez pleurer ! »

Une fois, j'ai même tiré de ma poche un mouchoir pour le lui donner.

Pleurer, car il n'est pas possible de supporter seul, dans un silence muet, le combat qu'il avait à mener.

Dans ce face-à-face, il était possible de toucher ce que peut signifier pour un homme d'être abandonné. Il est des êtres de silence qui rayonnent la communion.

Les jours passaient et apparaissait le visage du Christ dans cet homme creusé par la lutte. La profondeur du regard ne pouvait rien dissimuler de ses épreuves successives. Il m'a introduit au cœur d'un des plus grands mystères : le don de toute sa vie par amour.

Avant de nous quitter, après tant de jours de proximité, je me suis agenouillé pour qu'il me bénisse.

N'éteignons pas le feu

Une autre rencontre avec un prêtre demeure inscrite au profond de mon cœur. Avec deux de mes frères, nous étions pour une nuit de Noël dans une prison de femmes à Santiago du Chili. Après la messe de minuit, nous avions partagé le repas avec les prisonnières. Il y en avait de droit commun, mais aussi des prisonnières politiques. Presque toutes étaient en larmes, certains visages ravagés, d'autres transfigurés de sérénité.

Le prêtre nous dit : « Ces femmes ne sont pas mauvaises, il y a peut-être un peu d'équivoque chez quelques-unes. Je les connais. Je viens ici tous les jours depuis vingt ans. »

En regardant le visage de ce prêtre, en apprenant ses longues fidélités quotidiennes, une question emplissait le cœur et je la lui posai : « D'où vous viennent cette passion de Dieu et cette passion de la communion humaine ? Avez-vous eu une grand-mère, une mère qui a prié pour vous ? » « Oui, répondit-il, ma mère. Quand je l'ai quittée dans notre petit village d'Espagne, voici vingt-deux ans, elle m'a accompagné jusqu'à la porte et m'a dit quelques mots. Ce sont les derniers que j'ai entendus d'elle : "Mon fils, sois un bon prêtre." Je ne l'ai jamais revue, elle est morte un an après. »

Il est des mères qui, dans la vie de leurs fils, laissent une empreinte inaltérable et demeurent un soutien ineffaçable.

Ce soir de Noël, nous étions allés visiter des prisonnières. Nous avons aussi trouvé une vocation au sens extrême du mot, une existence humaine où se lit l'absolu, vécu à cause du Christ et de l'Évangile.

Avant tout par le don de notre vie, Dieu attend qu'en nous soient rendus perceptibles et le feu et l'Esprit.

Oui, son amour est un feu. Tout pauvres que nous soyons, n'éteignons pas le feu, n'éteignons pas l'Esprit.[21]

Et la toute humble confiance de la foi se transmet comme le feu, de proche en proche.

Dieu de toute miséricorde, ne sachant plus comment exprimer aux humains que tu n'es qu'amour, tu es venu sur la terre comme un humble à travers le Christ. Aussi, heureux sommes-nous d'aimer le Christ sans l'avoir vu !

Le souffle d'une confiance

Choisir d'aimer

Tout comme l'amandier fleurit aux premières lumières du printemps, un souffle de confiance fait refleurir les déserts du cœur.

Emporté par ce souffle, qui ne voudrait alléger la peine et les épreuves humaines ? Même quand sur un sentier rocailleux trébuchent nos pas, qui ne voudrait réaliser dans sa vie la parole d'Évangile : « Ce que vous faites au plus petit, au plus démuni, c'est à moi, le Christ, que vous le faites » ?[22]

Un siècle après le Christ, un croyant écrivait : « Revêts-toi de la joie... Purifie ton cœur de la mauvaise tristesse et tu vivras pour Dieu. »[23]

Qui vit pour Dieu choisit d'aimer. Assumer un tel choix suppose une vigilance soutenue.

Un cœur décidé à aimer peut comme s'irradier d'une infinie bonté. Il voudrait tant soulager les tourments de ceux qui sont auprès et au loin.

Qui vit pour Dieu discerne que toute son existence se joue dans la confiance faite au Christ et à l'Esprit Saint.

S'il arrive qu'un brouillard intérieur fasse dériver loin de la confiance de la foi, le Christ ne nous abandonne pas pour autant. Personne n'est exclu, ni de son amour ni de son pardon.[24]

Et si en nous surviennent des découragements et même des doutes, il ne nous en aime pas moins. Il est là. Il éclaire nos pas... Et résonne son appel : « Viens et suis-moi ! »[25]

Que de fois, dans le seul à seul d'un entretien avec un jeune, réapparaît cette question : comment être moi-même, comment me réaliser ? Certains en sont préoccupés jusqu'à l'angoisse. Je repense alors à la réflexion d'un de mes frères : « Le Christ ne me dit pas : sois toi-même, mais : sois avec moi. » Le Christ ne nous dit pas : « Recherche-toi toi-même », mais : « Toi, suis-moi ! »

L'Esprit Saint ne nous donne-t-il pas de sortir d'une « mauvaise tristesse » en jetant dans le creuset de la prière l'inquiétude, l'angoisse, la peur ?

Mais si souvent nous ne savons pas comment prier ! Et voilà que « l'Esprit Saint vient en aide à notre faiblesse »[26]. Il suscite et soutient la prière plus que nous ne le supposons. Il réanime une unité intérieure quand nous sommes dispersés en nous-mêmes. Il est si vrai qu'il n'y a pas d'unité intérieure sans la paix du cœur.

Dans sa vie terrestre, Jésus priait et son visage a été transfiguré de lumière. Mais, suppliant, il a aussi prié avec des larmes.[27]

Chanter le Christ jusqu'à la joie sereine

Suivre le Christ avec un cœur résolu, ce n'est pas allumer un feu d'artifice qui donne une vive lueur, puis s'éteint. C'est entrer, puis demeurer sur un chemin de confiance qui peut durer toute la vie.

Cette confiance demeure toujours humble. Si la foi devenait une prétention spirituelle, elle ne conduirait nulle part.

Le souffle d'une confiance peut être retenu par les tourments suscités par des souvenirs proches ou lointains. L'Évangile suggère de ne pas regarder en arrière [28], ne pas nous attarder à nos échecs.

Un bavardage avec soi-même peut encombrer notre personne et l'éloigner de la confiance du cœur. Alors il y a audace à dire au Christ : « Lumière intérieure, ne laisse pas mes ténèbres me parler ! »[29]

La joie d'Évangile, l'esprit de la louange, supposera toujours une décision intérieure.

Oser chanter le Christ jusqu'à la joie sereine...[30] Non pas n'importe quelle joie, mais celle qui vient tout droit des sources de l'Évangile.

Le fond de la joie, certains le découvrent dans le consentement à laisser un jour la vie terrestre pour une vie qui ne finira pas.

Pour ma part, je sais qu'il y a une paix du cœur à saisir que la mort n'est pas un achèvement : elle ouvre le passage vers une vie où Dieu accueille notre âme à jamais en lui. Bien sûr, j'aurai de la peine à quitter mes frères, à quitter tant de jeunes, ou de moins jeunes, dont les intuitions auront été des lumières dans ma vie. J'aurai de la peine à quitter Marie, cette petite fille de quatre mois, que Mère Teresa avait déposée dans mes bras pour que je l'emmène de Calcutta à Taizé, afin que sa santé très atteinte se remette.

Mais, par l'Évangile, nous comprenons que Dieu nous veut heureux et que nous ne pouvons pas, par notre inquiétude, ajouter un seul jour à notre vie. Ma mère, quand elle était déjà très âgée, fit une crise cardiaque. Dès qu'elle eut retrouvé la possibilité de parler, elle prononça ces mots : « Je n'ai pas peur de la mort, je sais en qui je crois... mais j'aime la vie. » Et le jour même de sa mort, elle murmurait : « La vie est belle... » Elle voulait apporter une consolation et donner une espérance à un proche qui avait tant de peine à la voir partir. Consentir à sa propre mort donne de retrouver un courant de vie.

Pour le repas d'anniversaire d'un frère, nous avons un jour invité Cristobal, un jeune du sud de l'Espagne. Nous parlions des inondations en Andalousie. Il se rappelait que, à l'âge de dix ans, il avait déjà assisté, à Malaga, à l'irruption d'un fleuve d'eau et de boue. Sous ses yeux fut détruite la maison de son meilleur ami, Eduardo. Alors que les murs s'écroulaient, il a vu le corps d'Eduardo entraîné par le fleuve.

Toute la semaine suivante, il s'est tenu chaque jour devant la réserve eucharistique, dans l'église de son quartier. Il a lutté en lui-même, en présence de Dieu, lui demandant pourquoi Eduardo n'était plus là. Au bout de huit jours, il était apaisé et avait retrouvé la confiance. Il avait dit à Dieu : « Je n'ai que toi. »

À ce point du récit, Cristobal s'est mis à pleurer longtemps, très longtemps. Nous avons décidé de laisser le dessert pour le repas suivant et Cristobal a conclu : « Je viendrai et je chanterai des flamencos. » Le soir, autour de la table, inlassable, Cristobal chantait.

Une approche de la sainteté du Christ

Dans la confiance du cœur, en présence de l'infinie compassion de Dieu, l'intime de la personne peut être comme saisi et pressentir une approche de la sainteté du Christ. Il y en a tellement qui rayonnent la sainteté sans le savoir, et peut-être sans oser le croire.

La famille humaine connaîtra une paisible confiance tant qu'il y aura sur la terre des hommes, des femmes, des jeunes, des enfants qui aiment, prient, osent prendre des risques à cause du Christ et de l'Évangile.

Lors d'un séjour à New York, il y avait dans la maison où nous logions une vieille cuisinière brésilienne. On m'avait raconté son histoire. Opérée d'un cancer, elle disait : « Il vaut mieux que ce soit moi qui aie cette maladie, parce que je sais comment souffrir. »

Au moment de la quitter, je me suis approché d'elle avec ces mots : « Je veux baiser les mains d'une sainte. » Elle répondit : « Dites plutôt : une missionnaire. » Je repris : « Une sainte est un témoin de Jésus Christ et vous l'êtes plus que beaucoup d'autres. » Son front était sombre, presque noir, taché par le traitement au cobalt. Mais son visage rayonnait.

Si nos pas devenaient lourds et pesants, discernerions-nous encore la fleur de désert ? Elle s'épanouit aux aurores, aux heures de continuels recommencements, quand un souffle de confiance nous entraîne loin sur le chemin d'une bonté sereine.

Et voilà que cette confiance peut nous donner tout à la fois d'aimer la vie sur la terre et d'attendre un au-delà, une vie qui ne finira jamais.[31]

Esprit Saint, Présence mystérieuse, tu nous ouvres à cette réalité d'Évangile qui est d'aimer d'un amour désintéressé. Et tu nous donnes à comprendre qu'il importe avant tout de ne pas perdre l'esprit de miséricorde.

Une guérison du cœur

Le Christ ne menaçait personne

Par l'Évangile de saint Jean, nous comprenons que le Christ n'est pas venu sur la terre pour condamner le monde, mais pour que, par lui, toute créature humaine soit sauvée, réconciliée.[32]

Et pourtant il arrive que le cœur humain soit habité par une crainte secrète de Dieu. D'où vient ce sentiment de faute, parfois déjà dans la petite enfance ? Penser que Dieu condamne l'être humain est un des plus grands obstacles à la foi.

Si ceux qui sont appelés à parler de l'Évangile ou à exprimer une prière devant d'autres pouvaient se dire à eux-mêmes : « Que ta prière ou ta parole ne contiennent jamais la moindre menace au nom de Dieu ! » Dieu ne s'impose pas aux humains par la peur. Même quand il était malmené, le Christ ne menaçait personne.[33]

Dans ma famille, quand nous étions enfants, ma mère n'avait aucune sévérité, elle ne nous grondait jamais. Elle nous parlait, elle échangeait avec nous. Je crois ne l'avoir jamais vue se fâcher. Elle disait de ceux qui se mettaient en colère : « Il me semble qu'ils perdent l'esprit. »

Si nous savions à quel point certains enfants ont besoin d'un regard de confiance pour retrouver une joie de vivre... Dans le cœur d'un enfant, savoir qu'il est aimé avec tendresse, et aussi pardonné, peut être une source de paix tout au long de sa vie.

Il est si essentiel que les enfants soient compris, et ne soient pas blessés par ceux auxquels ils sont confiés. Si les parents ou les enseignants pouvaient ne jamais faire usage de l'autorité donnée par l'âge pour manquer de bonté à l'égard d'un enfant...

Vivre du pardon

Jamais, au grand jamais, Dieu n'est un tourmenteur de la conscience humaine. Il enfouit notre passé dans le cœur du Christ et de notre futur il va prendre soin.

S'il fallait aimer Dieu par crainte d'un châtiment, ce ne serait pas l'aimer. Dieu vient nous revêtir de sa compassion. Il tisse notre vie, comme un beau vêtement, avec les fils de son pardon. La certitude de son pardon est une des plus généreuses réalités d'Évangile.[34] Elle rend libre, incomparablement.

La contemplation de son pardon devient un rayonnement de bienveillance dans un cœur tout simple qui se laisse conduire par l'Esprit.

Pourquoi t'attarder à ce qui fait mal, et en toi-même, et dans les autres ? Tu connais la parole d'un des premiers témoins du Christ : « Si notre cœur venait à nous condamner, Dieu est plus grand que notre cœur. »[35]

Jamais le Christ ne t'invite au repliement sur toi, mais bien à une humble repentance du cœur. Et que signifie-t-elle ? Elle est cet élan de confiance par lequel tu remets en lui tes fautes. Et te voilà dégagé pour vivre intensément le moment présent, jamais découragé parce que toujours pardonné.

Vivre du pardon donne de traverser les situations endurcies, tout comme au premier printemps l'eau du ruisseau se fraie un passage à travers une terre encore gelée.

Pardonner peut changer notre cœur : s'éloignent alors les sévérités, les duretés de jugement, pour laisser place à une infinie bonté. Et nous voilà capables de chercher à comprendre, plus qu'à être compris.

En décembre 1976, un jeune Libanais du nom de Gassibeh rentrait de Beyrouth, où il étudiait, pour aller passer Noël dans son village. Le Liban était alors éprouvé par la guerre, et ce jeune fut tué sur la route, dans une embuscade. Il avait eu l'étonnant pressentiment de ce qui lui arriverait et il avait laissé dans sa chambre d'étudiant une lettre à sa famille. Il écrivait aux siens :

« Je me vois tué sur la route qui mène à mon village. Si cela se réalise, je dis à ma mère et à mes sœurs : ne soyez pas tristes, nous nous retrouverons. Pardonnez à ceux qui m'ont tué. Que mon sang, mêlé à celui de toutes les victimes qui sont tombées, de tous bords et de toutes confessions religieuses, soit offert comme prix de la paix, de l'amour et de l'entente qui ont disparu de ce pays. Priez, priez, et aimez vos ennemis. »

Six ans plus tard, avec deux de mes frères, nous nous trouvions pour Noël au

Liban, à la veille de notre rencontre européenne de jeunes à Rome. La guerre continuait dans ce pays bien-aimé. Nous sommes allés visiter la mère de Gassibeh.

Dans le pauvre logis où cette mère s'était réfugiée après avoir dû quitter son village, elle accomplissait au-dedans d'elle-même ce que son fils avait demandé : elle avait pardonné. Elle portait sur son visage la marque de ceux qui sont allés aussi loin que possible sur ce chemin : pardonner jusqu'à ceux qui ont suscité le malheur. Rien n'est moins naturel au cœur humain que de prier pour les ennemis.

Avant que nous nous quittions, devant une grande photo de son fils, la mère de Gassibeh, avec sa plus jeune fille, a chanté le Christ qui l'accompagne au cœur de son épreuve. Puis, dans un geste de bénédiction, elle a élevé les mains pour faire sur nous le signe de la croix.

Une transfiguration de l'être se poursuit peu à peu

Même si nous sommes parfois comme dans une nuit, une lumière brille au cœur de la ténèbre. Pierre, l'apôtre, invite à la regarder « jusqu'à ce que l'aurore commence à poindre et le jour à se lever dans nos cœurs ».[36]

Une plante qui n'est point tournée vers la lumière s'étiole. Un croyant qui s'attarderait aux ombres pourrait-il laisser grandir en lui la confiance du cœur ?

Bouleversement de l'Évangile dans nos vies : par l'Esprit Saint, le Christ vient pénétrer ce qui nous inquiète de nous-mêmes. Il atteint l'inatteignable, au point que les obscurités peuvent être éclairées par sa présence.

Quand la nuit se fait dense, son amour est un feu.[37] Il enflamme ce qui demeurait rougeoyant sous la cendre. Des chrétiens comme saint Jean de la Croix et sainte Thérèse d'Avila ont commencé assez tard une nouvelle vie de foi. Ils parlent du feu souvent allumé avec toutes les épines de leur passé.

Marie Noël, une poétesse française du XXe siècle, tellement habitée par la foi, écrit sur le même ton : « Les âmes les meilleures, les plus nourricières, sont faites de quelques grandes bontés rayonnantes et de mille petites misères obscures dont s'alimentent parfois leurs bontés, comme le blé qui vit de la pourriture du sol. »[38]

Un soir, lors d'une prière dans une cathédrale de Belgique emplie de jeunes, l'un d'entre eux a posé cette question : « Frère Roger, montrez-nous le chemin vers Dieu ! »

J'ai répondu : je ne sais pas si je peux montrer le chemin vers Dieu. Mais, à l'âge avancé qui est le mien, je peux faire part d'une expérience personnelle qui a marqué toute ma vie.

Dans ma jeunesse, pendant de longues années, j'ai été immobilisé par la tuberculose pulmonaire, prolongée par une grave rechute. J'ai eu le temps de lire, de méditer, et de découvrir l'appel de Dieu : une vocation qui puisse durer toute la vie.

Quand la mort pouvait sembler proche, je le pressentais : plus que le corps, c'est d'abord l'intime de soi-même qui a besoin de guérison. Et la guérison du cœur est avant tout dans une humble confiance en Dieu.

Ces années de maladie m'ont donné de comprendre que la source du bonheur n'était ni dans les dons prestigieux, ni dans les grandes facilités, mais dans l'humble don de soi, oui le tout humble don de soi-même, pour comprendre les autres avec la bonté du cœur.

Peu à peu, j'ai saisi que même d'une

enfance ou d'une jeunesse humiliées pouvaient se dégager des forces créatrices. Paul, l'apôtre, exprime cette réalité d'Évangile avec grande intuition quand il écrit : « C'est lorsque je suis faible que je suis fortifié en Dieu. »[39]

Jamais on ne souhaiterait qu'un enfant ou un jeune perde l'espérance parce qu'il a été humilié. Mais voilà que, là où une enfance, une jeunesse, a connu de profondes épreuves, liées à l'humiliation, la compassion du Christ était toujours présente.

Et de ces épreuves le Christ peut faire naître une audace très vive pour créer en Dieu, pour prendre les risques de la foi. Il vient traverser fragilités, échecs, nuits intérieures. Il les modifie, il les transfigure au long de l'existence.

Imperceptible changement au-dedans, la transfiguration de l'être se poursuit peu à peu. Elle est, déjà sur la terre, le début d'une vie qui ne connaîtra pas de fin.

Quand des limitations ou un sentiment d'infériorité nous travaillent, avec surprise nous saisissons que le Christ nous donne de reprendre élan.

Le vieux pape Jean XXIII traversait des épreuves et disait parfois : « Je suis comme un oiseau qui chante dans un buisson d'épines. »[40] Nous aussi nous voudrions communiquer une joie malgré nos épines. Non pas n'importe quelle joie, mais celle de savoir que le Christ aime chaque être humain comme son unique.[41]

Dieu nous donne de naître et de renaître en lui quand nous accueillons en nous sa confiance et son pardon. Si nous nous laissions revêtir du pardon comme d'un vêtement, nous pressentirions une clarté dans notre nuit.

Jésus notre espérance, même accablé, malmené, tu ne menaçais pas, tu pardonnais. Cherchant à te suivre, nous voudrions nous aussi savoir pardonner et encore pardonner.

Dieu ne peut que donner son amour

Dieu partage la souffrance de chacun

Sur la terre, il y a des violences physiques, la guerre, la torture, le meurtre... Il y a aussi des violences subtiles qui se dissimulent dans les habiletés, le soupçon, la méfiance, l'humiliation, dans une promesse non tenue...

Et il y a ces nombreux enfants, ces jeunes, blessés par des ruptures d'affection, marqués par des abandons humains, au point que certains d'entre eux se demandent : ma vie a-t-elle encore un sens ?

En présence de violences physiques ou morales dans la famille humaine, monte une grave interrogation : si Dieu est amour, d'où vient le mal ?

Du mal, personne ne peut expliquer le pourquoi. Le philosophe Paul Ricœur écrit : « Je n'ai rien à répondre à celles et ceux qui disent : "Il y a trop de mal dans le monde pour que je puisse croire en Dieu." Le seul pouvoir de Dieu, c'est l'amour désarmé. Dieu ne veut pas notre souffrance. De tout-puissant, Dieu devient le "tout-aimant". Dieu n'a pas d'autre puissance que celle d'aimer et de nous adresser, lorsque nous sommes dans la souffrance, une parole de secours. Notre difficulté, c'est de pouvoir l'entendre. »[42]

Six siècles après le Christ, un penseur chrétien, saint Isaac de Ninive, reprenait les mots « Dieu est amour »[43] de saint Jean, et concluait : « Dieu ne peut que donner son amour. »[44]

Dieu n'assiste jamais passivement à la peine des êtres humains, il souffre avec l'innocent, victime de l'incompréhensible épreuve, il souffre avec chacun. Il y a une douleur de Dieu, une souffrance du

Christ. Dans l'Évangile, le Christ se fait solidaire de la souffrance, il pleure la mort de qui il aime.[45]

Le Christ n'est-il pas venu sur la terre pour que tout être humain se sache aimé ?[46]

Aussi le cœur peut-il s'éveiller à l'étonnement d'un amour.

La souffrance ne vient pas de Dieu

Avec deux de mes frères, nous étions un jour en Éthiopie pour la période de l'Avent. À Noël, nous sommes allés dans un village de lépreux. Une femme nommée Adjebush nous a raconté ce qu'elle avait vécu. Quand la lèpre s'était déclarée, son mari l'avait abandonnée. Ses quatre fils ont été à la guerre ; l'un d'eux a été tué, et elle était sans nouvelles des autres. Sa petite fille dormait à côté d'elle. Elle souhaitait tant que cette petite comprenne la foi. Amputée des deux jambes, Adjebush ne pouvait même plus aller mendier.

Puis elle prononça des paroles inattendues. Elle nous dit : « Je pleure des larmes intérieures et parfois des larmes extérieures, mais je sais que le Christ est là, dressé à côté de moi. » Et elle se mit à louer Dieu en élevant les mains, selon la tradition copte orthodoxe.

Nous nous demandions : mais d'où tire-t-elle une telle confiance ? Nous avons saisi qu'elle la puisait aux sources de la prière. Elle avait laissé se développer en elle toute une vie intérieure, elle avait cheminé dans une vie de profonde communion au Christ. Adjebush comprenait que sa souffrance ne venait pas de Dieu. Elle savait que Dieu n'était pas l'auteur de ses malheurs et de ses épreuves.

Continuant à prier, elle se mit à commenter notre visite auprès d'elle, et ses paroles devinrent sur ses lèvres comme un cantique. Elle disait à Dieu : « C'est le jour de Noël et ils sont venus me voir ; c'est le jour de Noël et ils ne sont pas restés chez eux, mais ils sont venus ici. »

Avec étonnement nous saisissions que,

bien souvent, auprès des plus démunis, nous percevons une lumière d'Évangile unique. Tous nous voudrions être aussi proches du Christ que cette humble femme orthodoxe éthiopienne. Et nous tous, comme elle, dans la simplicité de nos cœurs, nous voudrions découvrir que le Christ se tient là, proche de nous.[47]

Alléger les souffrances humaines

En cette période de l'histoire, la conscience chrétienne connaît un bel éveil face à la souffrance humaine.

Partout à travers le monde, il est des chrétiens qui donnent leur vie. Ils cherchent à être présents aux évolutions toujours plus rapides des sociétés. Il en est qui assument des responsabilités souvent très concrètes. Ils cherchent à entraîner en avant ceux qui sont paralysés par une peur de l'avenir, ou tentés par le repliement du « chacun pour soi ».

Ils ne se satisfont pas d'une croissance économique dont ne bénéficie qu'une partie de la population. Ils sont attentifs aussi à la situation de certains peuples qui, aujourd'hui, ont le visage mystérieux du « serviteur souffrant » dont parle un croyant de la Bible : « Humiliés, malmenés, sans rien pour attirer le regard, ce sont nos maladies qu'ils portent. »[48]

Dès les débuts de Taizé, il était clair que nous allions tout accomplir en vue de vivre le Christ pour les autres et d'alléger les souffrances humaines.

Pendant la Première Guerre mondiale, ma grand-mère maternelle, sous les bombardements, avait accueilli chez elle, au nord de Paris, des gens qui cherchaient un refuge. Son exemple a été une inspiration quand, en 1940, j'ai quitté la Suisse pour aller vivre en France, le pays de ma mère, en vue d'y créer une communauté. C'était de nouveau la guerre et j'avais la certitude que je devais venir en aide à des gens qui traversaient l'épreuve.

Ayant trouvé une maison dans le village de Taizé, pour un prix des plus modérés, celui d'une bonne voiture, je m'y suis fixé. J'étais sans moyens matériels et, étant le dernier de neuf enfants, je ne pouvais pas compter sur un soutien de mon père : il était normal qu'il ait aidé d'abord les aînés à s'établir dans la vie. C'est grâce à un prêt modique que j'ai pu faire cet achat.

Après avoir un peu aménagé la maison, j'ai très vite pris contact avec des amis de Lyon, dont Roland de Pury. Le nord de la France était occupé. Roland de Pury me parla de ceux qui cherchaient à gagner le sud du pays et me suggéra d'en accueillir certains, qui avaient besoin d'un refuge pour quelques jours ou plus longtemps. Parmi eux il y avait des Juifs.

Comme j'étais encore seul, j'ai proposé à la plus jeune de mes sept sœurs, Geneviève, la seule qui ne soit pas mariée, de venir m'aider. Les moyens matériels étaient pauvres. Sans eau courante, nous allions chercher l'eau potable au puits du village. À l'époque on ne pouvait acheter de la nourriture qu'avec des cartes de ravitaillement et il était impossible d'en avoir pour des réfugiés. La nourriture était donc tout à fait modeste, en particulier des soupes faites avec de la farine de maïs grillé achetée à peu de frais au moulin voisin.

Aux réfugiés, nous ne demandions que leur prénom, il était délicat pour eux que leur origine soit connue. Par discrétion vis-à-vis d'eux, je priais seul, j'allais souvent chanter loin de la maison, dans le bois. Pour que certains des réfugiés, juifs ou incroyants, ne soient pas gênés par une prière commune, Geneviève expliquait à ceux qui étaient croyants qu'il valait mieux prier seuls.

Pendant l'été 1942, une visite nous fut précieuse. Un de nos deux cousins, Pierre Marsauche, était militaire. Ses récits nous permirent de découvrir que tout était de plus en plus grave en Europe, que la mort risquait d'atteindre des multitudes. Son jeune frère Jacques vint aussi et nous avons passé ensemble une période qui nous a réconfortés.

Nous sachant exposés, ma sœur et moi, mes parents avaient demandé à un ami, officier français à la retraite, de veiller sur nous, ce qu'il fit consciencieusement. En octobre 1942, il nous avertit que nous avions été découverts, que non seulement il nous fallait renoncer à accueillir des réfugiés, mais aussi quitter Taizé pour un temps.

Un peu moins de deux ans plus tard, en automne 1944, j'ai pu revenir. Cette fois je n'étais plus seul, nous étions quatre frères.

En 1945, un jeune homme de la région mit sur pied une association pour prendre en charge des enfants que la guerre avait privés de famille. Il nous proposa d'en accueillir un certain nombre à Taizé. Une communauté d'hommes ne pouvait pas recevoir des enfants. Alors j'ai téléphoné à ma sœur Geneviève de revenir pour une période : ces enfants avaient besoin d'une mère. Artiste de tout son être, elle avait préparé la « virtuosité » de piano. Pourtant elle n'hésita pas à répondre positivement. Et peu à peu elle découvrit qu'elle ne pourrait jamais quitter ces enfants, qu'elle devait leur consacrer sa vie. Au début ils étaient trois ; les mois passant, ils ne tardèrent pas à être une vingtaine. Elle s'installa avec eux dans une vieille maison du village.

Parmi la vingtaine de garçons, il y avait cinq Géorgiens dont le père avait dû fuir son pays. Arrivés en France, ils avaient été placés ensemble dans un camp de réfugiés. Le père était tombé gravement malade. Orthodoxe, il avait admirablement préparé à sa mort ses deux fils aînés. Après sa mort, les cinq garçons furent accueillis à Taizé par ma sœur.

Tout au long de sa vie, elle vécut avec d'autres enfants encore, dans la vieille maison, jusqu'à leur âge adulte. Elle continue aujourd'hui à les y recevoir, avec leurs propres enfants et leurs petits-enfants. Plus tard, elle accueillit aussi Marie, petite fille de quatre mois, que Mère Teresa m'avait confiée à Calcutta pour la faire soigner, et qui grandit auprès d'elle.

Voyant la fidélité de ma sœur Geneviève au long des années, j'ai compris que c'est avant tout la bonté du cœur qui lui a donné la capacité de traverser tant d'événements. La bonté du cœur est un levier inestimable.

Saint Esprit, Esprit consolateur, dans un monde où nous pouvons être déconcertés par la souffrance des innocents, donne-nous d'être pour eux un reflet de ta compassion.

Espérance d'une communion

Vivre en réconciliés

Entrés dans le troisième millénaire, saisissons-nous assez que, voici deux mille ans, le Christ est venu sur la terre, non pas pour créer une nouvelle religion, mais pour offrir une communion en Dieu à tout être humain ?[49]

Après sa résurrection, la présence du Christ se fait concrète à travers une communion d'amour qu'est l'Église.[50]

Les chrétiens auront-ils le cœur assez large, l'imagination assez ouverte, l'amour assez brûlant pour découvrir cette voie d'Évangile : sans retard, vivre en réconciliés ?[51]

Si la vocation œcuménique a provoqué

de remarquables dialogues et échanges, comment oublier cette parole du Christ : « Va d'abord te réconcilier »[52] ? À force de remettre la réconciliation des chrétiens à plus tard, l'œcuménisme, sans s'en rendre compte, pourrait entretenir une attente illusoire.

Quand les chrétiens demeurent dans une grande simplicité et dans une infinie bonté du cœur, quand ils sont attentifs à découvrir la beauté profonde de l'âme humaine, ils sont entraînés à être en communion les uns avec les autres dans le Christ.[53]

Une crédibilité peut renaître auprès des jeunes quand cette communion qu'est l'Église se fait limpide en cherchant de toute son âme à aimer et à pardonner, quand, même avec peu de moyens, elle se fait accueillante, proche des peines humaines.

Jamais distante, jamais sur la défensive, libérée des sévérités, elle peut rayonner l'humble confiance de la foi jusque dans nos cœurs humains.

« Le christianisme ne fait que commencer », écrit le théologien orthodoxe Olivier Clément. « Nous assistons à l'apparition d'un christianisme pauvre et libre, capable de porter un témoignage plus dépouillé de l'Évangile. »[54]

Oui, le Christ nous appelle, nous des pauvres de l'Évangile, à réaliser l'espérance d'une communion. Même le plus simple parmi les plus simples peut y parvenir.[55]

Depuis de longues années, avec mes frères, une question nous habite : pourquoi, en de vastes régions du monde, tant de jeunes vont-ils de moins en moins, ou même plus du tout, participer à la prière dans les églises ? Pourquoi certains disent-ils qu'ils s'ennuient quand ils assistent à une liturgie ?

Si le Christ dans la communion de son Corps, son Église, n'était pas aussi délaissé, s'il n'y avait pas une telle absence de jeunes dans les églises, notre communauté n'aurait pas été stimulée à accueillir des jeunes pour qu'ils puissent prier, échanger, être écoutés. Les accueillir non seulement à Taizé, mais aussi lors de rencontres en Europe ou sur les divers continents, entre autres là où certains de nos frères partagent la vie des pauvres.

À Taizé ou lors de ces rencontres, nous découvrons que la beauté d'une prière commune chantée ensemble peut donner aux jeunes de laisser monter en eux le désir de Dieu, et aussi d'entrer dans la profondeur d'une attente contemplative.

Un bibliste, Stanislas Lyonnet, a cherché à formuler en peu de mots un chemin de communion accessible aux jeunes. Il a dit : « Il est d'Église, tout baptisé qui se dispose intérieurement à faire confiance au Mystère de la Foi. »

Lors de sa visite à Taizé en 1986, le pape Jean-Paul II a éveillé dans notre communauté une prise de conscience qui soutient notre vocation auprès des jeunes. Le pape nous a dit en particulier : « En voulant être vous-mêmes une parabole de communauté, vous aiderez tous ceux que vous rencontrez à être fidèles à leur appartenance ecclésiale, mais aussi à entrer toujours plus profondément dans le mystère de communion qu'est l'Église dans le dessein de Dieu. »[56] De telles paroles préparent un chemin pour ceux qui cherchent de toute leur âme à vivre en communion.

Puis-je rappeler ici que ma grand-mère maternelle a découvert intuitivement comme une clé de la vocation œcuménique et qu'elle m'a ouvert une voie de concrétisation ? Marqué par le témoignage de sa vie, et encore très jeune, j'ai trouvé à sa suite ma propre identité de chrétien en réconciliant en moi-même la foi de mes origines avec le mystère de la foi catholique, sans rupture de communion avec quiconque.

« Des cercles concentriques toujours plus grands »

Au milieu du XXᵉ siècle parut un homme du nom de Jean, né dans une humble famille de paysans du nord de l'Italie. En 1959, annonçant un concile, cet homme âgé, Jean XXIII, prononça quelques paroles parmi les plus limpides qui soient. Elles peuvent rendre toute transparente cette communion d'amour qui s'appelle l'Église. Voici ces paroles de lumière : « Nous ne ferons pas de procès historique, nous ne chercherons pas à savoir qui a eu tort ou qui a eu raison ; les responsabilités sont partagées ; nous dirons seulement : réconcilions-nous ! »[57]

Jean XXIII avait l'intuition qu'un concile pourrait ouvrir des voies de communion entre chrétiens. Nous avons été emplis de reconnaissance quand nous avons compris qu'il y souhaitait notre présence comme observateurs. Je repense au jour où la lettre est arrivée : être invités à participer à cette recherche, c'était un cadeau de Dieu !

Le concile Vatican II commença en 1962. Dans un langage clair, Jean XXIII sut trouver des expressions qui stimulaient à aller de l'avant, sans s'attarder à écouter les prophètes de malheur. Le jour de l'ouverture du Concile, il disait : « Dans la situation actuelle de la société, ces prophètes de malheur ne voient que ruines et calamités ; ils disent que notre époque a profondément empiré, comme si autrefois tout était parfait ; ils annoncent des catastrophes, comme si le monde était près de sa fin. »[58]

Une autre de ses paroles, prononcée le même jour, étonne par sa force intuitive et demeure si actuelle : « L'Église préfère recourir au remède de la miséricorde, plutôt que de brandir les armes de la sévérité. »[59]

Un jour, dans une audience privée, Jean XXIII nous confia comment il prenait parfois ses décisions en priant : « Je parle avec Dieu » dit-il. Il y eut un silence, puis il ajouta : « Oh ! tout humblement, oh ! tout simplement. »

Après une rencontre que nous avons eue avec lui le 13 octobre 1962, nous avons appris qu'il avait dit de nous : « Nous n'avons pas parlementé, mais nous nous sommes parlé ; nous n'avons pas discuté, mais nous nous sommes aimés. »

Notre dernière rencontre eut lieu le 25 février 1963. Nous y étions à trois, avec mes frères Max et Alain. Atteint d'un cancer avancé, à 82 ans, le pape savait que sa mort approchait et nous en avions été avertis. Nous avions été prévenus que notre audience serait placée un jour où Jean XXIII ne souffrirait pas, où il se reposerait et ne recevrait que nous. Cette audience fut d'une durée inhabituelle. Conscients que nous n'allions plus le revoir, nous tenions à entendre du pape comme un testament spirituel. Jean XXIII avait le désir que nous soyons dans la sérénité concernant l'avenir de notre communauté. Il précisa, faisant de ses mains à plusieurs reprises des gestes circulaires : « L'Église catholique est faite de cercles concentriques toujours plus grands, toujours plus grands. »

Lors de cette dernière rencontre avec lui, nous avons vu des larmes couler de ses yeux, parce que, nous disait-il, certaines de ses intentions avaient récemment été détournées de leur sens.

Au moment où j'appris sa mort, le 3 juin 1963, avec mes frères, nous allions à la prière du soir. Et du tréfonds de l'être montait cette question : qu'allait devenir notre communauté sans Jean XXIII ?

Après sa mort, à deux reprises, nous

avons reçu à Taizé son plus jeune frère, Giuseppe Roncalli, avec des membres de sa famille. Cet homme âgé observait tout avec attention. Il remarqua entre autres que les jeunes étaient très simplement logés sur notre colline. Un soir, il dit à son petit-fils Fulgenzio : « Ce qui sortira de Taizé, c'est mon frère, le pape, qui l'a commencé. » Ce paysan bergamasque avait compris à quel point nous avions aimé son frère et que cet amour avait été réciproque.

« Les divisions entre chrétiens doivent être guéries »

Durant l'été 1992, nous avons reçu une visite qui a réjoui nos cœurs : l'archevêque de Cantorbéry, George Carey, primat de l'Église anglicane, est venu à Taizé, accompagné de mille jeunes anglicans de divers pays. Ils ont passé une semaine au milieu des autres jeunes qui étaient là.

Dès son arrivée, l'archevêque eut des paroles qui étaient bien à l'image de son cœur : « D'abord j'avais pensé que j'irais à Taizé pour donner un enseignement aux jeunes anglicans qui m'accompagnaient. Puis je me suis dit qu'il était plus important d'y aller comme eux, c'est-à-dire en pèlerin. Les divisions entre chrétiens sont un fardeau que je porte, elles doivent être guéries. Je crois à la réconciliation avec l'Église catholique et j'aimerais qu'elle se fasse de mon vivant. »

En le voyant repartir à la fin de la semaine, je me disais : nous avons découvert en lui un homme qui voudrait comprendre les situations d'aujourd'hui, et cela avec une grande simplicité de cœur, ce qui le rend si authentique. Il est un de ceux dont on peut dire : pour qui sait aimer à cause du Christ, la vie s'emplit d'une joie sereine.

Deux ans plus tard, en avril 1994, les quatorze évêques de l'Église luthérienne de Suède sont venus passer des journées de prière et de réflexion dans notre communauté. C'était la première fois que tous les évêques de l'Église de Suède, sans exception, se déplaçaient ensemble à l'étranger.

Avec ces hommes au cœur ouvert et généreux, nous nous sommes interrogés : comment se fait-il que, en de vastes régions de la terre, s'efface l'attention au

Christ et que de nombreux jeunes sont comme dans un « ailleurs » ? Certains de ces jeunes ont aimé cette communion qu'est l'Église mais, n'y ayant pas trouvé de réponse immédiate à leur attente, ils s'en sont éloignés.

Et nous avons conclu avec cette question : comment l'Église peut-elle ouvrir les portes de la compassion et de la bienveillance du cœur ? Il est tellement vrai qu'elle est appelée d'abord à être un reflet de la compassion du Christ dans la famille humaine.

« Laisser Dieu effacer le mauvais passé »

À la même époque que Jean XXIII, il y avait à Istanbul un homme de la même veine prophétique, le patriarche orthodoxe Athénagoras.

En 1970, il nous a été donné de passer quatre jours auprès de lui, ensemble avec frère Max. Ce qui soulevait l'espérance, c'était de comprendre que cet homme de 86 ans, pauvre de moyens, soumis à une situation politique complexe, rayonnait auprès et au loin. Il avait la grandeur de la générosité.

Les épreuves ne l'avaient pas épargné. Il avait saisi les mutations nécessaires dans le peuple de Dieu, mais la situation autour de lui était telle qu'il devait garder en lui-même le meilleur de ses intuitions. Malgré tout, il demeurait empli d'espérance. « Lorsque le soir je rentre dans ma chambre, nous disait-il, je laisse mes soucis derrière la porte et je dis : on verra demain ! »

Un jour, au repas, le patriarche nous dit : « J'aimerais que vous emportiez une icône de la cathédrale ! » Je répondis que nous n'acceptions jamais ni dons ni cadeaux pour notre communauté. Alors l'un de ses proches poursuivit : « Nous avons une armoire avec des icônes en très mauvais état, prenez l'une de celles-là ! » Au fond de l'armoire, nous en avons trouvé une... Dans le train du retour, elle s'effritait, des fragments de bois tombaient en poussière. Nous l'avons fait restaurer à trois reprises, tant elle était abîmée. Nous l'avons encore aujourd'hui. Placée dans un angle de ma chambre, elle soutient le désir de prier, non pas avec de nombreuses paroles mais avec le cœur.

Jusqu'à mon heure dernière, je reverrai le patriarche au moment de notre départ. Se tenant dans l'embrasure de la porte, il éleva les mains comme s'il présentait le calice de l'eucharistie et répéta encore une fois : « La coupe et la fraction du pain, il n'y a pas d'autre chemin ; rappelez-vous... »

Dans notre regard s'est aussi gravé le souvenir d'une précédente visite, avec frère Max. Le désir du patriarche était que nous fassions avec lui un pèlerinage en voiture, autour d'Istanbul. Chaque fois que l'automobile passait en un lieu où un chrétien était mort martyr, il faisait ralentir l'allure ou arrêter la voiture. Nous faisions le signe de la croix et nous poursuivions.

Cet homme de Dieu avait écrit : « Le mauvais passé, plein de séparations et de violence, persiste en nous et nourrit la peur et la haine. C'est pourquoi il faut laisser Dieu effacer le mauvais passé. »[60]

Un autre témoin de l'Église orthodoxe

garde une grande place dans la mémoire de notre communauté. En 1962, le métropolite Nikodim, de Saint-Pétersbourg, vint nous rendre visite pendant deux jours. Au cours d'une longue prière chantée, il bénit l'icône de la Vierge Marie qui est vénérée par beaucoup dans l'église de Taizé.

Nous l'avons revu en 1963 au millénaire du Mont Athos. Plus tard, en juin 1978, nous nous sommes rendus chez lui à Saint-Pétersbourg, qui s'appelait alors Léningrad. Comment oublier le voyage en train de nuit pour y arriver ? À ces latitudes nordiques, la nuit d'été était éclairée par une lumière toute de douceur. On voyait défiler des fermes, avec leurs puits surmontés d'un long bras permettant de ramener l'eau. Les gens commençaient à travailler dès l'aube.

Au moment où nous sommes entrés au séminaire, le métropolite Nikodim célébrait, dans une chapelle, l'ordination d'un prêtre et d'un diacre. Il chantait de sa voix si profonde. Il était encore jeune, mais il avait déjà eu cinq infarctus.

Au long du séjour, un prêtre nous conduisit d'une église à l'autre pour prier. Les chrétiens russes qui s'y tenaient étaient comme soulevés par la plénitude d'une ferveur. Avec des prostrations profondes, ils allaient et venaient pour la salutation aux icônes. Nous découvrions l'imploration d'un peuple contemplatif. C'était la veille de Pentecôte. Le métropolite me demanda de parler aux séminaristes, puis le soir dans sa cathédrale. Dans la période austère que traversait le peuple russe, il était surprenant de voir tant de visages de jeunes qui priaient.

Quelques mois plus tard, en septembre 1978, malgré sa maladie le métropolite se rendit à Rome pour le début du ministère du pape Jean-Paul Ier. Nous y étions aussi. Après la célébration, les délégations présentes se réunirent pour être reçues l'une après l'autre par le nouveau pape. En attendant, nous échangions avec le métropolite et il nous dit qu'il allait bientôt revenir à Taizé. On vint le chercher, il entra chez le pape, il y eut du bruit, et on nous dit qu'il était mort subitement dans les bras du pape, d'un sixième infarctus. Son corps fut placé dans une petite chapelle et, avec frère Max, nous sommes restés près de lui pour prier.

Le métropolite portait en son cœur l'espérance d'une communion. Par sa vie il laissait pressentir que le secret de l'âme orthodoxe était avant tout dans une prière ouverte à la contemplation.

Aujourd'hui plus que jamais, une question se pose : les chrétiens d'Occident et ceux d'Orient sauront-ils découvrir une profonde confiance les uns dans les autres ? Beaucoup de chrétiens d'Occident aiment leurs frères et sœurs d'Orient parce qu'ils ont traversé beaucoup d'épreuves et qu'il y a en eux des dons de communion si transparents.

Pour ma part, cet amour profond pour l'Église orthodoxe remonte à mon enfance. Pendant la Première Guerre mondiale, des Russes avaient dû fuir leur pays. Ils étaient orthodoxes. Ma mère en recevait certains et j'écoutais les entretiens ; ensuite, elle me parlait des épreuves qu'ils avaient connues. Plus tard, dans ma jeunesse, nous habitions près d'une église orthodoxe russe ; nous y allions pour participer à la prière, écouter la beauté des chants, et je cherchais à discerner sur les visages la souffrance de ces chrétiens venus de Russie.

Aujourd'hui nous cherchons à être très attentifs aux jeunes de Russie, de Biélorussie, d'Ukraine, de Roumanie, de Serbie, de Bulgarie, qui viennent nombreux à Taizé ces dernières années. Dans leurs épreuves, tant d'orthodoxes ont su aimer et pardonner. La bonté du cœur est pour beaucoup d'entre eux une réalité vitale. Ils sont des témoins vivants d'une confiance dans l'Esprit Saint. Par leur attention à la résurrection, ils nous fortifient dans l'essentiel de la foi.

Jésus notre paix, toujours ton Saint-Esprit nous ouvre une voie, celle de nous abandonner en Dieu. Et nous comprenons qu'aimer, c'est vivre une communion, avec Dieu et avec ceux qui nous sont confiés.

Du doute
à l'humble confiance

S'éclairent les nuits de l'âme

Nous sommes dans un monde où coexistent la lumière et les ténèbres.[61]

Aspirant à la lumière, serions-nous saisis par un doute ? Un croyant russe, Dostoïevski, loin de s'inquiéter, écrivait : « Je suis un enfant du doute et de l'incroyance. Quelle terrible souffrance m'a coûtée et me coûte cette soif de croire, qui est d'autant plus forte en mon âme qu'il y a davantage en moi d'arguments contraires... C'est à travers le creuset du doute que mon "hosanna" a passé. »[62]

Et pourtant Dostoïevski pouvait continuer : « Il n'y a rien de plus beau, de plus profond, de plus parfait que le Christ ; et non seulement il n'y a rien, mais il ne peut rien y avoir. »[63]

Quand cet homme de Dieu laisse pressentir qu'en lui le non-croyant coexiste avec le croyant, son amour passionné pour le Christ n'en est pas entamé pour autant.

Heureux qui marche du doute vers la clarté d'une humble confiance en Dieu ! Tout comme se dissipe le brouillard au matin, s'éclairent les nuits de l'âme. Non pas une confiance illusoire, mais une confiance limpide, qui entraîne à agir dans le concret des situations, à comprendre, à aimer.

Voici des années, avec quelques-uns de mes frères, nous vivions pour un temps à Calcutta, dans un quartier de grande pauvreté. L'après-midi, Mère Teresa me demandait parfois de l'accompagner dans les mouroirs pour aller visiter des lépreux qui n'attendaient plus rien d'autre que la mort. Et tous les matins, avec l'un de mes frères, médecin, nous allions soigner les enfants les plus malades. Ce fut une expérience qui marque la vie. Il est arrivé que des enfants meurent dans nos bras.

Depuis le premier jour, je soignais une petite fille de quatre mois dont la mère était morte peu après sa naissance. On m'assurait qu'elle n'avait peut-être que peu de temps à vivre. Mère Teresa la mit dans mes bras et me demanda avec insistance de l'emmener à Taizé pour la faire soigner. Et je me disais : si cette enfant percevait l'inquiétude que j'éprouve pour sa mort possible, que deviendrait-elle ?

Et je me disais encore : laisse ton inquiétude se transformer en confiance de la foi. Tant que cette enfant vit, remets-la à Dieu. Reposant sur ton cœur, elle aura au moins, dans sa très courte vie, éprouvé le bonheur de la confiance.

À notre arrivée à Taizé, les frères se rassemblèrent dans ma chambre pour voir l'enfant. Je déposai sur mon lit la petite, appelée Marie, et, pour la première fois, elle se mit à jaser comme un bébé heureux.

Et voilà qu'elle a vécu, et elle a grandi dans la maison de ma sœur Geneviève. Elle est aujourd'hui devenue adulte. Je suis son parrain et j'ai pour elle l'amour d'un père.

« Cherche, tu trouveras »

Il peut arriver que Dieu semble s'éloigner. Il en est qui sont déconcertés par l'impression d'un silence de Dieu. La confiance de la foi serait-elle de dire « oui » à l'amour de Dieu, même s'il y a en nous ce profond silence ?[64] La foi est comme un élan de confiance mille fois repris au cours de notre vie.

Rappelons-nous ! Ce n'est pas notre foi qui crée Dieu, et ce ne sont pas nos doutes qui pourraient le rejeter dans le néant. Quand bien même nous n'en éprouverions pas de résonance sensible, la mystérieuse présence du Christ ne s'en va jamais.[65] S'il peut y avoir en nous l'impression d'une absence, il y a avant tout l'étonnement de sa continuelle présence.

Quand des inquiétudes parviennent à nous éloigner de la confiance de la foi, certains se demandent : en serais-je arrivé à l'attitude d'un incroyant ? Non, ce sont des trous d'incrédulité, rien de plus.

L'Évangile nous invite à donner toujours à nouveau notre confiance au Christ, et à trouver en lui une vie de contemplation.[66] Et le Christ dit à chacun de nous cette parole d'Évangile : « Cherche, cherche, tu trouveras. »[67]

Heureux qui marche du doute vers l'humble confiance ! Alors que ma mère était déjà très âgée, elle m'a parlé un jour de sa propre mère et m'a dit : « Tu ne sais peut-être pas que ta grand-mère, que nous avons tant aimée et admirée, avait une foi difficile. » Je lui ai répondu : « Je le savais et je l'en aime davantage encore. »

Ma grand-mère avait traversé de grandes épreuves. Ses trois frères étaient morts de tuberculose, son père aussi. Puis il y eut, plus tard, la mort d'un de ses fils. Elle écrivait des notes dans sa Bible. J'ai relevé cette prière à Dieu : « Je ne suis pas faite pour lutter... Je doute... Aide-moi ! » Et encore ces mots : « Seigneur, nous sommes incapables de soutenir cette lutte, mais c'est une raison de ne pas te quitter, de rester près de toi. »

Pour ma part, je puis dire que, dans ma jeunesse, il se produisit, à un moment donné, comme un ébranlement de la foi. Je ne mettais pas vraiment en doute l'existence de Dieu. Ce dont je doutais, c'était la possibilité de vivre une communion avec lui. Je souhaitais être tellement honnête qu'il m'arrivait de ne plus oser prier. Je pensais qu'il fallait connaître Dieu pour prier.

Un beau jour, encore jeune, ouvrant un livre ancien, je suis tombé sur des lignes en vieux français. L'auteur écrivait que, si Dieu n'était pas communicable, le Christ nous le faisait connaître : « Le Christ est la resplendeur de Dieu. » Cela, je ne l'ai pas oublié. C'est le Christ qui nous permet de comprendre que Dieu nous aime.[68]

En été 1937, une de mes sept sœurs, Lily, celle à qui autrefois je dictais mes poèmes d'enfant et à laquelle j'étais très attaché, tomba gravement malade. Elle était mère de cinq enfants. Je comprenais qu'on attendait sa mort. Alors une prière se fit accessible pour moi, ces paroles d'un psaume : « De ta part, mon cœur dit : cherche sa face. Je cherche ta face, ô Dieu. »[69] Ces mots me semblèrent honnêtes. Je pus me mettre à genoux et prononcer cette prière. Je compris que la foi était en moi et qu'elle ne pouvait être qu'une toute humble confiance en Dieu.

S'abandonner au Christ

Même avec une foi toute petite, pouvons-nous saisir que Dieu a pour chacun un appel ? Quel appel ? L'Évangile donne à comprendre qu'il n'y a pas de plus grand amour que d'aller jusqu'au bout du don de soi-même.[70]

Quand Dieu appelle à une vocation pour toute la vie, certains se surprennent à prier : « Esprit Saint, tu es le gardien d'une vocation pour toujours, donne-moi de ne pas m'arrêter en cours de route. »

Et si un doute surgissait à nouveau ? Le désir de Dieu ne s'évanouit pas pour autant. Quatre siècles après le Christ, un croyant du nom d'Augustin, écrivait : « Si tu désires voir Dieu, tu as déjà la foi. »[71]

Le simple désir d'accueillir la présence

de Dieu dépose en nous une flamme. Cette flamme ne serait-elle qu'une pâle lueur ? Elle donne déjà de traverser les longues nuits à peine éclairées.

Serions-nous assaillis par la morosité, l'ennui, le désenchantement ? Un choix est à faire. Il est de tout remettre encore et toujours à l'Esprit Saint. Et l'espérance peut reprendre vie.

L'un des premiers frères de notre communauté est un soutien sans qu'il le sache. Depuis de longues années il dit parfois : « Je me réjouis de chaque instant que je vis. » Pourtant, comme tout être humain, il connaît des épreuves. Comment peut-il se réjouir de chaque instant ? Il sait ce que signifie durer dans la vocation, tenir dans la fidélité. Pour cheminer, pour aller de l'avant, il prie avec ces quelques mots, souvent repris : « Jésus, ma joie, mon espérance et ma vie. »

Face aux absolus de l'Évangile, il t'arrive d'être pris au dépourvu. Déjà un croyant de la première heure disait au Christ : « Je crois. » Mais il ajoutait aussitôt : « Viens au secours de mon incrédulité ! »[72]

Sache-le pour toujours : ni les doutes, ni les impressions d'un silence de Dieu ne retirent de toi son Esprit Saint.

Ce que Dieu te demande, c'est d'accueillir son amour et de t'abandonner au Christ dans une confiance toute simple.[73]

Dieu de tout amour, tu aimes et tu cherches chacun de nous avant même que nous t'ayons aimé. Aussi y a-t-il un vif étonnement à découvrir que tu regardes tout être humain avec une infinie tendresse et une profonde compassion.

Notes

1. Voir 1 Jean 4, 10 et 19.
2. Voir Luc 15, 4-10.
3. *Traité sur l'Évangile de Luc*, V, 58, Sources chrétiennes 45 bis, Cerf, 1971, p. 204.
4. Voir Apocalypse 2, 9.
5. Voir Matthieu 5, 3-12.
6. Jean 1, 9.
7. Voir Jean 1, 1-2.
8. Voir Jean 14, 9.
9. Voir Jean 14, 16-20.
10. *Concile œcuménique Vatican II, Gaudium et Spes*, n° 22, § 2, Centurion, 1967, p. 236.
11. Encyclique *Redemptor Hominis* dans *Documentation catholique*, 1979, p. 301-323 (cahier 7).
12. *Taizé, un sens à la vie*, Bayard-Centurion, 1997, p. 75.
13. *Questions à Thalassios*, XV, Les Éditions de l'Ancre, 1992, p. 93.
14. Voir Jean 14, 16-20.
15. Voir Matthieu 28, 20.
16. Voir, par exemple, *Anna Karénine*, Gallimard, 1972, volume II, p. 423.
17. 2 Pierre 1, 19.
18. Jean 21, 17.

19. 1 Jean 4, 10 et 19.
20. Saint Augustin, *Les Confessions*, I, 1.
21. Voir 1 Thessaloniciens 5, 19.
22. Matthieu 25, 40.
23. Hermas, *Le Pasteur*, précepte 42, 1 et 4.
24. Voir 1 Timothée 2, 4.
25. Marc 10, 21.
26. Romains 8, 26.
27. Voir Luc 9, 29 et Hébreux 5, 7.
28. Voir Luc 9, 62.
29. Saint Augustin, *Les Confessions*, XII, 10.
30. Voir Philippiens 4, 6-7 et Éphésiens 5, 19.
31. Voir Philippiens 1, 21-26.
32. Voir Jean 3, 17.
33. Voir 1 Pierre 2, 23 et Luc 23, 34.
34. Voir Colossiens 2, 13.
35. 1 Jean 3, 20.
36. 2 Pierre 1, 19.
37. Voir Exode 13, 21-22.
38. *Notes intimes*, Stock, 1984, p. 48.
39. 2 Corinthiens 12, 10.
40. *Journal de l'âme*, Cerf, 1964, p. 351.
41. Voir Galates 2, 20b.
42. *Panorama* n° 340, janvier 1999, p. 29.
43. 1 Jean 4, 8 et 16.
44. Cité par Olivier Clément dans *Taizé, un sens à la vie*, Bayard-Centurion, 1997, p. 98.
45. Voir Jean 11, 32-36.
46. Voir Jean 17, 26.
47. Voir Matthieu 28, 20b.
48. Voir Isaïe 53, 2-4.
49. Voir Jean 17, 26 et Éphésiens 1, 3-5.
50. Voir Matthieu 18, 20 et Jean 13, 34-35.
51. Voir Jean 17, 20-23.

52. Matthieu 5, 24.
53. Voir Actes 4, 32-35.
54. *Service Orthodoxe de Presse* n° 244, janvier 2000, p. 19.
55. Voir Matthieu 19, 14.
56. *Les Sources de Taizé*, Les Presses de Taizé, 2001, p. 113.
57. *Discours aux curés de Rome*, février 1959.
58. *Discours d'ouverture du Concile*, le 11 octobre 1962.
59. *Ibidem.*
60. Voir la citation d'Olivier Clément dans *Dialogues avec le Patriarche Athénagoras*, Fayard, 1969, p. 391.
61. Voir Jean 1, 4-5 et Jean 8, 12.
62. *Carnets de notes*, cité par Pierre Pascal dans *Dostoïevski, l'homme et l'œuvre*, L'Âge d'Homme, 1970, p. 361. « Hosanna » est une acclamation hébraïque qui exprime à Dieu la reconnaissance, la louange.
63. *Correspondance*, tome 1, lettre n° 90 à Natalia Dmitrievna Fonvizina, Bartillat, 1998, p. 341.
64. Voir Psaume 42, 4 et 6.
65. Voir Matthieu 28, 20.
66. Voir Jean 14, 23.
67. Matthieu 7, 7.
68. Jean 17, 26.
69. Psaume 27, 8.
70. Voir Jean 15, 13.
71. Cité et commenté par Olivier Clément dans *Sources*, Stock, 1982, p. 24.
72. Marc 9, 24.
73. Voir Jean 15, 9.

Table des matières

Y a-t-il des réalités qui rendent la vie belle? 5
   Une confiance toute simple 7
   Chercher à tout comprendre de l'autre 11
   Reconnais-tu le chemin d'espérance ? 13

Mystère d'une présence 19
   Le Christ uni à chaque être humain 21
   L'Esprit Saint, soutien et consolation 25
   Lumière dans la nuit 28

Aimés d'un amour d'éternité 33
   Dieu nous aime avant que nous l'aimions 35
   Son amour est un feu 41
   N'éteignons pas le feu 44

Le souffle d'une confiance 49
   Choisir d'aimer 51
   Chanter le Christ jusqu'à la joie sereine 54
   Une approche de la sainteté du Christ 58

Une guérison du cœur	61
Le Christ ne menaçait personne	63
Vivre du pardon	65
Une transfiguration de l'être se poursuit peu à peu	69
Dieu ne peut que donner son amour	75
Dieu partage la souffrance de chacun	77
La souffrance ne vient pas de Dieu	80
Alléger les souffrances humaines	83
Espérance d'une communion	91
Vivre en réconciliés	93
« Des cercles concentriques toujours plus grands »	98
« Les divisions entre les chrétiens doivent être guéries »	103
« Laisser Dieu effacer le mauvais passé »	106
Du doute à l'humble confiance	115
S'éclairent les nuits de l'âme	117
« Cherche, tu trouveras »	121
S'abandonner au Christ	125

Pour mieux connaître Taizé

Choisir d'aimer
Frère Roger de Taizé 1915 - 2005
Les Presses de Taizé, 2006

Kathryn Spink
La vie de frère Roger, fondateur de Taizé
Le Seuil, 1998

Olivier Clément
Taizé - un sens à la vie
Bayard Éditions, 1997

DVD:
Rencontre avec frère Roger
1. Aux sources d'une création
2. Serviteurs de la confiance
Ateliers et Presses de Taizé
Distribution : La Procure, Paris

Une liste plus complète de livres, CD et DVD
en de nombreuses langues est disponible sur : www.taize.fr

Cet ouvrage a été imprimé par
l'imprimerie Darantiere à Quetigny
pour le compte des Presses de Taizé
en octobre 2008.

DL octobre 2008 – N° 1074 – les Presses de Taizé
N° d'impression : 28-1408
Imprimé en France